Antes de llegar a la presidencia

# ANTES DE QUE BARACK OBAMA FUERA PRESIDENTE

Julia McDonnell

Traducido por María A. Cabrera Arús

Gareth Stevens Publishing

**Please visit our website, www.garethstevens.com. For a free color catalog of all our high-quality books, call toll free 1-800-542-2595 or fax 1-877-542-2596.**

ISBN 9781538254417 (pbk.)
ISBN 9781538254424 (eBook)

First Edition

Published in 2020 by
**Gareth Stevens Publishing**
111 East 14th Street, Suite 349
New York, NY 10003



Translator: María A. Cabrera Arús
Designer: Laura Bowen
Editor: Therese Shea

Photo credits: Carátula, p. 1 (Obama) Official White House Photo by Pete Souza/Jatkins/Wikimedia Commons; cover, p. 1 (campus de Harvard) Jannis Tobias Werner/Shutterstock.com; cover, pp. 1–21 (marco) Samran wonglakorn/Shutterstock.com; p. 5 Pete Souza, The Obama-Biden Transition Project/Hoshie/Wikimedia Commons; pp. 7 (foto familiar), 9 Barcroft/Barcroft Media/Getty Images; p. 7 (Hawái) Izabela23/Shutterstock.com; p. 11 Laura S. L. Kong/Hulton Archive/Getty Images; p. 13 EQRoy/Shutterstock.com; p. 15 (principal) Steve Liss/The LIFE Images Collection/Getty Images; p. 15 (interior) Official White House Photo by Chuck Kennedy/Jatkins/Wikimedia Commons; p. 17 Malcolm Ali/WireImage/Getty Images; p. 19 Spencer Platt/Getty Images News/Getty Images; p. 21 (familia) Everett Collection/Shutterstock.com; p. 21 (Obama) United States Senate/Movieevery/Wikimedia Commons.


Printed in the United States of America

CPSIA compliance information: Batch #CG19WL: For further information contact Gareth Stevens, New York, New York at 1-800-542-2595.

# CONTENIDO


El presidente número 44 . . . . . . . . . . . . . . . . . . . . . . . . 4

Primeros pasos en Hawái . . . . . . . . . . . . . . . . . . . . . . . . 6

Infancia en el extranjero . . . . . . . . . . . . . . . . . . . . . . . . 8

En busca de su identidad . . . . . . . . . . . . . . . . . . . . . . . 10

En Estados Unidos continental . . . . . . . . . . . . . . . . . . . 12

Una casa en Chicago . . . . . . . . . . . . . . . . . . . . . . . . . . 14

Cómo lograr un cambio . . . . . . . . . . . . . . . . . . . . . . . . 16

Soñar en grande . . . . . . . . . . . . . . . . . . . . . . . . . . . . 18

¡Victoria! . . . . . . . . . . . . . . . . . . . . . . . . . . . . . . . . . 20

Glosario . . . . . . . . . . . . . . . . . . . . . . . . . . . . . . . . . 22

Para más información . . . . . . . . . . . . . . . . . . . . . . . . 23

Índice . . . . . . . . . . . . . . . . . . . . . . . . . . . . . . . . . . . 24


Las palabras del glosario se muestran en **negrita** la primera vez que aparecen en el texto.

# EL PRESIDENTE NÚMERO 44

"¡Cuando seas grande podrás ser lo que quieras, incluso presidente de Estados Unidos!". ¿Alguna vez te han dicho eso? Quizás Barack Obama también escuchó y creyó en esas palabras cuando era niño.

¿Crees que Obama siempre quiso ser presidente, o su vida solo tomó un rumbo inesperado? ¿Qué esperanzas, empeños y eventos lo llevaron a convertirse en el primer presidente afroamericano en la historia de Estados Unidos? Lee este libro para saber las respuestas a estas preguntas y, ¿por qué no?, ¡que también empieces a soñar en grande!

**Dato sobre el presidente**

"Barack" significa "bendición" en el idioma africano swahili.

Barack Obama tenía 47 años cuando fue electo el presidente número 44 de Estados Unidos. Fue también el quinto presidente más joven de la historia.

# PRIMEROS PASOS EN HAWÁI

Barack Hussein Obama nació en Honolulu, Hawái, el 4 de agosto de 1961. Su madre, Ann Dunham, de piel blanca, era nativa de Kansas, y su padre, que también se llamaba Barack Obama y era de raza negra, había nacido en el país africano de Kenia. Ambos se conocieron cuando estudiaban en la Universidad de Hawái y se casaron en febrero de 1961.

Cuando sus padres se **divorciaron**, en 1964, Barack se quedó viviendo con su madre. Más tarde, cuando ella se volvió a casar, la familia se trasladó a Indonesia, un país del Sureste Asiático donde había nacido el padrastro de Barack.

*Dato sobre el presidente*

Obama es el único presidente de Estados Unidos nacido en Hawái.

EL PEQUEÑO BARACK CON SU FAMILIA

ESTA FOTO MUESTRA A BARACK (DERECHA), SU MADRE ANN, SU PADRASTRO LOLO SOETORO Y SU MEDIA HERMANA MAYA.

HONOLULU, HAWÁI

# INFANCIA EN EL EXTRANJERO

En Yakarta, capital de Indonesia, Obama conoció diferentes **culturas**, idiomas, **religiones** y comidas. Refiriéndose a su infancia, dijo una vez: "Fui criado como un niño que era a la vez indonesio, hawaiano, negro y blanco".

Al principio, Obama asistió a escuelas locales, pero al cabo de unos años su madre lo envió de regreso a Hawái para que recibiera una mejor educación. Allí vivió con sus abuelos Stanley y Madelyn, a quienes solía decirles "abues".

*Dato sobre el presidente*

Cuando Obama vivía en Indonesia, su familia tuvo un mono como mascota, al que llamaban Tata, ¡e incluso criaron cocodrilos!

En esta foto, tomada en Indonesia en 1970, Barack aparece junto a su profesora y sus compañeros de tercer grado.

# EN BUSCA DE SU IDENTIDAD

Solo había tres estudiantes negros en la escuela Punahou, en Honolulu, por lo que Obama se hizo más consciente del color de su piel. Si bien es **mestizo**, se le señalaba como negro, y los negros no eran tratados tan bien como los blancos. Su madre le inculcaba que debía sentirse orgulloso de su raza, pero Obama no sentía ninguna conexión con sus raíces africanas. Tras el divorcio de sus padres, solo había visto una vez a su papá.

El joven Barack se hacía llamar "Barry". Después confesó que cuando era adolescente se sentía **confundido** acerca de quién era y cuál era su lugar en el mundo.

*Dato sobre el presidente*

Antes de comenzar la universidad, Obama trabajó en una heladería. Allí, aprendió el valor de la **responsabilidad** y la dedicación.

De adolescente, Barack soñaba con ser un jugador de baloncesto **profesional**. Algunos compañeros de equipo lo llamaban “el bombardero Barry”. Le encantaban los tiros difíciles, pero a menudo fallaba.

# EN ESTADOS UNIDOS CONTINENTAL

Cuando se graduó de secundaria, Obama dejó Hawái nuevamente. Fue a Los Ángeles, California, y se matriculó en Occidental College; al cabo de dos años, se cambió a la Universidad de Columbia, en Nueva York. Allí obtuvo el **título** de licenciado en Ciencias Políticas, una carrera que estudia los sistemas de gobierno y cómo estos funcionan.

Tras graduarse, Obama obtuvo empleo como escritor en una revista de negocios de Nueva York. Aunque le gustaba su trabajo, decidió hacer algo más con su vida.

### Dato sobre el presidente

Obama es pariente lejano de siete presidentes de Estados Unidos: James Madison, Harry Truman, Lyndon Johnson, Gerald Ford, Jimmy Carter, George H. W. Bush y George W. Bush.

Obama comenzó a interesarse por la **política** cuando estudiaba en Occidental College. Según ha dicho, entendió que podía "ayudar a lograr un cambio". Fue en esa etapa que decidió utilizar el nombre de "Barack".

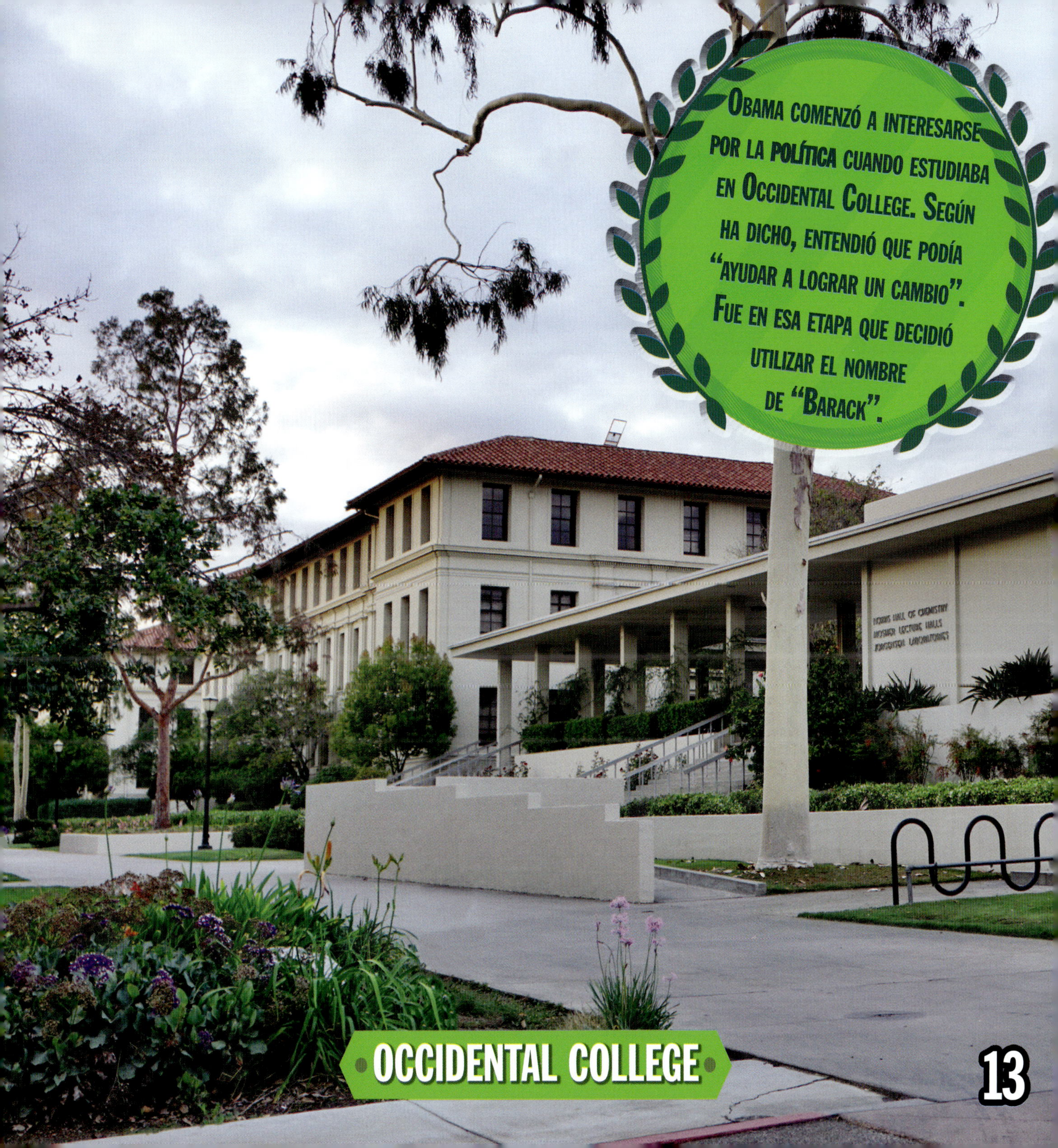

OCCIDENTAL COLLEGE

# UNA CASA EN CHICAGO

En 1985, Obama se mudó a Chicago, Illinois, para trabajar como organizador comunitario en la zona sur de la ciudad. Su tarea consistía en coordinar el trabajo destinado a mejorar los barrios más pobres. Aunque lo hizo bien, comprendió que podría ser mucho más efectivo si se hacía abogado. En 1988 se matriculó en la escuela de leyes de Harvard.

Cuando se graduó, en 1991, Obama regresó a Chicago. Al año siguiente se casó con una colega que había conocido en un bufete de abogados para el que trabajó durante el verano. Su nombre es Michelle Robinson.

*Dato sobre el presidente*

En 1987, Obama visitó Kenia para conocer un poco más sobre su padre, quien había muerto en 1982.

Obama fue el primer presidente negro que tuvo *Harvard Law Review*, una revista académica sobre asuntos legales.

MICHELLE ROBINSON OBAMA

# CÓMO LOGRAR UN CAMBIO

Obama fue abogado de derechos civiles. Los derechos civiles son las libertades que todos los ciudadanos deben disfrutar. Obama ha dicho que él luchaba "por las familias que estaban atravesando momentos difíciles y que intentaban alcanzar el sueño americano". Al mismo tiempo, intentaba convencer a un mayor número de afroamericanos sobre la importancia de votar en las elecciones y enseñaba en la escuela de leyes de la Universidad de Chicago.

En todos estos trabajos se interesó mucho por la política y pensó que sirviendo en la **asamblea legislativa** del estado podría ayudar a lograr un cambio.

*Dato sobre el presidente*

Por un tiempo, Obama mantuvo tres trabajos: senador estatal, abogado y profesor.

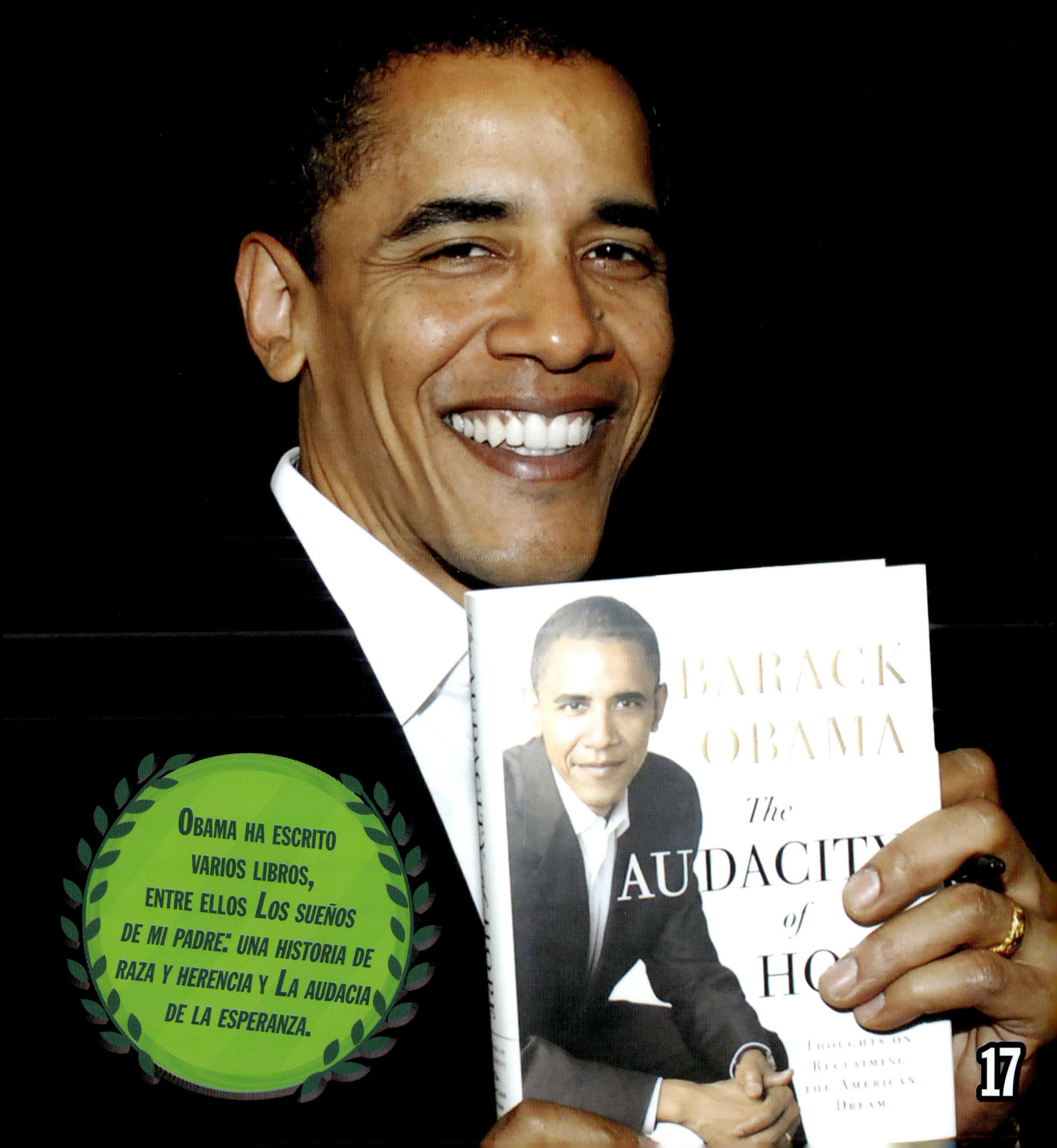


Obama ha escrito varios libros, entre ellos *Los sueños de mi padre: una historia de raza y herencia* y *La audacia de la esperanza*.

# SOÑAR EN GRANDE

En 1996, Obama se convirtió en **candidato** demócrata a un puesto en el Senado de Illinois. Ganó y, durante sus ocho años de servicio, se preocupó por mejorar la salud y la educación del estado. En el año 2004 se postuló para senador.

Antes de las elecciones, Obama pronunció un discurso en la **Convención** Nacional Demócrata. Millones de personas lo vieron en televisión y aplaudieron su mensaje positivo sobre Estados Unidos; muchos lo consideraron "una estrella naciente". Obama se convirtió en el quinto afroamericano en ser electo miembro del Senado de Estados Unidos.

*Dato sobre el presidente*

En el año 2000, Obama se postuló a la Cámara de Representantes de Estados Unidos. Aunque perdió, la experiencia adquirida le ayudó a ganar futuras elecciones.

En su discurso durante la Convención Nacional Demócrata, en 2004, Obama habló sobre tener fe en el futuro. También dijo: “No existe una América negra y una América blanca, una América de latinos y una América de asiáticos, existen los Estados Unidos de América”.

# ¡VICTORIA!

En el año 2007, Barack Obama anunció su candidatura para la presidencia de Estados Unidos. Prometió trabajar para lograr mejoras en los sistemas de salud, de educación y de finanzas. El 4 de noviembre de 2008, Obama derrotó al candidato republicano, el senador John McCain, y se convirtió en presidente de Estados Unidos.

Obama se ha descrito como "un chico delgado con un nombre gracioso que cree que en América también hay un lugar para él". ¡Su lugar resultó ser la Casa Blanca! Su historia es ejemplo de lo lejos que pueden llevarte la dedicación y los grandes sueños.

*Dato sobre el presidente*

La **campaña** de Obama se basó en las consignas "Esperanza" y "Podemos creer en el cambio".

# El camino a la presidencia

1961 Barack Obama nace en Honolulu, Hawái, el 4 de agosto.

1967 Se muda a Indonesia.

1971 Regresa a Hawái para asistir a la escuela.

1979 Termina el bachillerato y se matricula en Occidental College.

1983 Se gradúa en Ciencias Políticas de la Universidad de Columbia.

1985 Se muda a Chicago para trabajar como organizador comunitario.

1987 Viaja a Kenia y conoce a la familia de su padre.

1991 Se gradúa como abogado de Harvard.

1992 Regresa a Chicago y se casa con Michelle Robinson

1993 Comienza a trabajar en un bufete de abogados.

1996 Es electo senador del estado de Illinois.

2004 Obama es elegido senador de Estados Unidos.

2008 Barack Obama se convierte en presidente de Estados Unidos.

LOS OBAMA, LA NOCHE DEL TRIUNFO EN 2008

PRESIDENTE OBAMA

# GLOSARIO

**asamblea legislativa:** institución que dicta las leyes.

**campaña:** serie de actividades que se realizan para alcanzar una meta, como ganar una elección.

**candidato:** persona que intenta ser elegida.

**confundir:** enredar.

**convención:** personas que se reúnen en un lugar por varios días para conversar sobre trabajo u otros intereses, o tomar decisiones como grupo.

**cultura:** creencias y modo de vida de un grupo de personas.

**divorciarse:** terminar un matrimonio.

**mestizo:** persona que tiene una madre de una raza y un padre de otra.

**política:** actividades del Gobierno y de sus representantes.

**profesional:** que gana dinero por realizar una actividad que muchos hacen por diversión.

**título:** documento y grado que se otorga a quienes han terminado un programa de estudios en una universidad.

**religión:** sistema de creencias y prácticas en honor a un dios o a dioses.

**responsabilidad:** cualidad de una persona en quien se puede confiar que hará lo que se espera o se requiere.

# PARA MÁS INFORMACIÓN

## Libros

Obama, Barack. *A ti te canto: Una carta para mis hijas.* Barcelona, España: Roca Editorial de Libros, 2011.

Orr, Tamra B. *Obama vs. McCain and the Historic Election.* Ann Arbor, MI: Cherry Lake Publishing, 2018.

Souza, Pete. *Dream Big Dreams: Photographs from Barack Obama's Inspiring and Historic Presidency.* Nueva York, NY: Little, Brown and Company, 2017.

## Sitios de Internet

**Barack Obama**
*www.whitehouse.gov/about-the-white-house/presidents/barack-obama/*
Lee la biografía presidencial oficial de Obama.

**Kid Reporter Interview: Obama on Being the President**
*www.scholastic.com/teachers/videos/teaching-content/kid-reporter-interview-obama-being-president/*
Mira la respuesta que Obama le da a un joven reportero sobre por qué le gusta ser presidente.

**Nota de la editorial a los maestros y padres:** Nuestros editores han revisado con cuidado estos sitios web para asegurarse de que son adecuados para los estudiantes. Sin embargo, muchos sitios web cambian con frecuencia y no podemos garantizar que el contenido futuro de un sitio continúe cumpliendo con nuestros elevados estándares de calidad y valor educativo. Los estudiantes deben ser supervisados siempre que naveguen por internet.

# ÍNDICE

abogado, 14, 16, 21

abuelos, 8

baloncesto, 11

Cámara de Representantes de Estados Unidos, 18

Chicago, 14, 21

Ciencias Políticas, 12, 21

Convención Nacional Demócrata, 18–19

derechos civiles, 16

escuela, 8, 10, 14, 16, 21

*Harvard Law Review*, 15

Hawái, 6–8, 12, 21

Indonesia, 6, 8–9, 21

Kenia, 6, 14, 21

libros, 17

madre, 6–8, 10

mascotas, 8

McCain, John, 20

nombre, 13–14, 20

padrastro, 6–7

padre, 6, 10, 14, 17, 21

presidente, 4–6, 21

Robinson, Michelle, 14–15, 21

Senado de Estados Unidos, 18, 21

Senado de Illinois, 18, 21

trabajos, 10, 12, 14, 16

universidad, 6, 10, 12, 16, 21